AUGMENTER SA PRODUCTIVITÉ

Techniques et conseils pour faire plus sans s'épuiser

Par Karine Desprez

50MINUTES.fr

COMMENT FAIRE PLUS À MOINDRE EFFORT ?

- **Problématique ?** Comment travailler plus vite et plus efficacement afin de libérer du temps et de l'énergie à dépenser dans d'autres projets ?
- **Utilité ?** Aujourd'hui plus que jamais, le temps nous fait défaut. Apprendre à augmenter sa productivité en accomplissant plus sans s'épuiser à la tâche est sans doute le meilleur moyen de se simplifier la vie et d'accroître son bien-être.
- **Contexte professionnel ?** Gestion du temps, gestion de projet, organisation au travail.
- **FAQ ?**
  - <u>« La loi du moindre effort » est-elle un principe reconnu ?</u>
  - <u>Comment puis-je établir une liste de tâches efficace et motivante ?</u>
  - <u>Comment rester productif face à des contraintes constantes (imprévus, interruptions, etc.) ?</u>
  - <u>Comment me concentrer sur l'obtention des résultats ?</u>
  - <u>La sieste est-elle recommandée pour améliorer sa concentration et sa productivité ?</u>
    > « Je choisirai un homme paresseux pour faire un travail difficile parce qu'il trouvera un moyen facile de le faire. » (Bill Gates)

Au bureau, les échéances et les responsabilités impliquent des pressions qu'il n'est pas toujours aisé de supporter. Celles-ci peuvent nuire sérieusement à notre bien-être en nous poussant à travailler toujours davantage ; une fausse solution qui conduit souvent à des problèmes de santé liés au stress. Autre possibilité, beaucoup plus viable : augmenter son énergie et sa productivité pour accomplir plus en moins de temps.

Travailler mieux sans travailler plus dur n'est pas une idée nouvelle. Devenir un « paresseux intelligent », c'est savoir où placer ses efforts, glaner son énergie, créer un travail efficace. C'est choisir la simplicité pour éviter le surmenage, accomplir ses tâches sans pour autant s'épuiser professionnellement.

Parvenir à en faire plus à moindre effort revient à vous offrir la possibilité d'un impact significatif à la fois sur votre réussite et sur votre bien-être.

B.A.-BA DU PARESSEUX INTELLIGENT

UN SYSTÈME INTÉGRÉ : GÉRER TÂCHES ET AGENDA AVEC LE *BULLET JOURNAL*

Sans doute le savez-vous déjà : on ne va pas loin – ou péniblement – sans un système d'organisation qui intègre les différents aspects de sa vie (le travail, la maison, la famille, les projets à long terme, etc.). Si vous n'en avez pas déjà, il s'agit de la première étape concrète vers une meilleure productivité.

Avez-vous déjà entendu parler du *Bullet Journal* ? Ce concept extrêmement simple à la fois dans son essence et dans sa pratique vous permet de prendre rapidement note de tout ce que vous avez en tête tout en développant une vision claire et structurée dans le temps de tous vos projets, tâches, événements et autres. Il repose sur quelques principes basiques :

- des pages numérotées et indexées ;
- un sujet pour chaque page ;
- un suivi à la fois chronologique et thématique.

Pour démarrer, il ne vous faut qu'un carnet aux pages numérotées (ce que vous pouvez toujours faire vous-même), et de quoi écrire ! Il suffit ensuite d'intégrer les outils de la méthode : les symboles, l'index, l'agenda et les collections.

Les symboles

Commencez par déterminer quelques symboles élémentaires et visuels qui vous aideront à vous y retrouver et à trier toutes les infos que vous noterez dans votre journal. Il en existe de deux sortes : les « clés », qui feront la différence entre tâches, événements et simples notes ; et les « signifiants », qui serviront à mieux définir les clés, si nécessaire, en leur ajoutant un second symbole.

Par exemple pour les clés :

- un simple point (*bullet* en anglais...) pour les tâches ;
- un « o » pour les événements ;
- un tiret pour les notes.

Par exemple pour les signifiants :

- un astérisque pour les tâches prioritaires ;
- un point d'exclamation pour les idées, inspirations, citations, etc. ;
- un petit triangle pour les choses à faire à la maison ;
- un « w » pour les tâches à réaliser au bureau (c'est-à-dire pendant la journée, ce qui peut inclure des actions personnelles comme téléphoner au médecin lors de la pause de midi) ;
- etc.

CONSEILS

Restez simple et pratique : ne déterminez qu'un nombre limité de clés et de signifiants, afin de ne pas vous y perdre et d'être rapide au moment de la prise de note. Par ailleurs, n'hésitez pas à vous faire une légende en début de carnet, au cas où vous oublieriez ce que tel ou tel symbole voulait dire.

L'index

Laissez vierges les trois ou quatre premières pages de votre carnet afin de les consacrer à un index que vous remplirez au fur et à mesure et qui vous permettra de vous y retrouver dans toutes vos notes. Ainsi, chaque fois que vous créerez une nouvelle entrée dans votre carnet, vous pourrez l'indexer afin de la retrouver facilement par la suite.

Par exemple, au moment où vous créez une nouvelle page pour les tâches à accomplir durant la semaine à venir et que vous l'intitulez « Semaine du 31/10 au 06/11 », revenez à la page de l'index et reportez-y ce titre ainsi que le numéro de page correspondant.

L'agenda – planning annuel, planning mensuel et agenda quotidien

Après les quelques pages laissées libres pour l'index, divisez les quatre pages suivantes en trois dans le sens de la largeur, afin d'obtenir douze rectangles, un pour chaque mois de l'année à venir ; ce sera votre **planning annuel**. Grâce à lui, vous serez en mesure de prendre note non seulement des événements ou rendez-vous prévus longtemps à l'avance, mais aussi des choses à faire à long terme, sans nécessairement leur attribuer une date précise. Si vous le désirez, vous pouvez évidemment prévoir un planning supplémentaire pour l'année suivante. N'oubliez pas de reporter les numéros de page dans votre index.

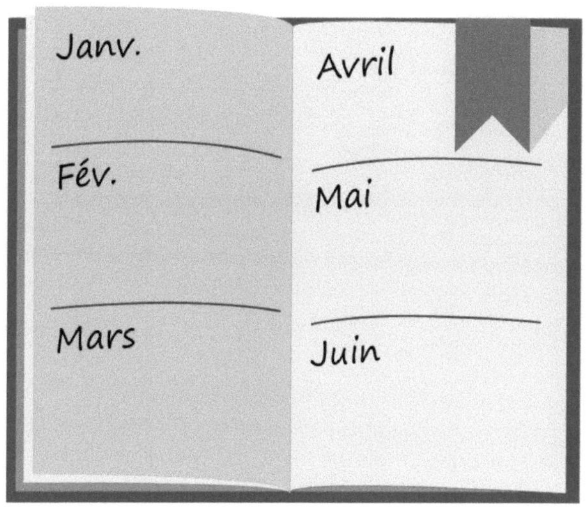

Faites ensuite votre **planning du mois**. La méthode recommande d'inscrire en colonne les numéros et les noms des jours sur une page de gauche, afin d'y noter rendez-vous et événements, et, sur la page de droite, les tâches à accomplir durant cette période.

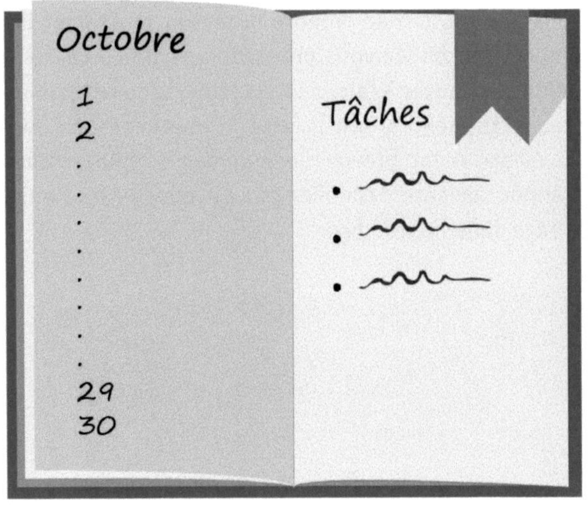

Vous pouvez aussi décider de fonctionner de façon plus visuelle – mais moins rapide –, comme pour le planning annuel, en traçant un calendrier quadrillé sur deux pages. Pensez dans ce cas à laisser une petite marge libre pour lister les tâches à réaliser au cours du mois. Reportez votre planning mensuel à l'index.

Octobre

Lu	Ma	Me	Je	Ve	Sa	Di
					1	2
3	4	5	6	7	8	8
10	11	12	13	14	15	16
17	18	19	20	21	22	23
24	25	26	27	28	29	30

Passez à présent à l'**agenda quotidien**. Indiquez simplement la date et le nom du jour en haut de la page et commencez à prendre note, en utilisant les symboles définis en amont, des événements, tâches et autres, dans l'ordre dans lequel ils se présentent à vous. À la fin de la journée, faites le tri : les tâches accomplies seront marquées d'un « x » ; les tâches déplacées à un autre jour seront notées d'un « > » et reportées à l'endroit qui convient (planning annuel, mensuel, jour suivant...) ; les tâches obsolètes seront rayées ; les réflexions à conserver seront reportées dans la collection qui convient, etc. Indiquez la date et le nom du jour suivant et poursuivez. Une fois de plus, n'oubliez pas d'indexer les pages utilisées.

En fin de mois, établissez votre planning mensuel du mois suivant avant de recommencer votre agenda quotidien, et ainsi de suite.

Les collections

En parallèle de l'agenda qui vous servira à gérer vos rendez-vous et vos tâches, la création de pages « collection » vous permettra de rassembler en un endroit tout ce qui concerne un projet spécifique ou un thème qui vous intéresse particulièrement. Vous désirez garder la trace de tous les livres que vous lirez cette année ? Vous organisez un événement et avez besoin de répertorier en un endroit toutes les idées qui vous viennent pour en faire un moment inoubliable ? Vous souhaitez établir un suivi de vos dépenses ? Inutile de chercher bien loin : il vous suffit de prendre votre *Bullet Journal* et d'y introduire une page réservée à ce projet, sans oublier de l'indexer. Et le voilà devenu également un outil de gestion de projet !

La méthode du *Bullet Journal* n'est pas véritablement révolutionnaire – après tout, elle ne fait que combiner agenda classique et carnet de notes –, mais elle apporte une solution d'organisation unique, simple, efficace, mobile, bon marché, adaptable à toutes les situations, sans dépendre de l'électricité ou d'Internet. Peut-être était-ce ce que vous

attendiez depuis toujours ? Pour en savoir plus, rendez-vous
sur http://bulletjournal.com/.

VERS L'ÉCONOMIE D'EFFORT

Vous disposez à présent d'une méthode vous permettant
de rassembler et d'organiser vos tâches, rendez-vous et
réflexions en un endroit, qu'il s'agisse du *Bullet Journal* ou
d'un autre système qui vous convient mieux. Et maintenant,
comment réaliser ces tâches plus facilement ?

Quand l'enseignement védique nous parle de succès...

La tradition védique (liée aux Veda, ces textes à la base de
la spiritualité hindoue) reconnaît le principe de l'économie
d'effort, qui veut que lorsque l'on agit dans le sens de sa
nature profonde, avec amour, cela ne nous coûte aucune
énergie. Nous sommes ainsi capables d'en faire beaucoup
plus, sans risquer le burn out. Ce principe repose sur trois
composantes : l'acceptation, la responsabilité et l'abandon.

Commencez par **accepter**, chaque jour, les événements tels
qu'ils se présentent à vous et les personnes telles qu'elles
sont. Cessez de protester contre cette situation injuste ou
ce patron borné : tout est tel qu'il est supposé être, et vous
devez agir en conséquence, sans perdre votre temps à vous
rebeller contre ce qui est.

Bien entendu, cela ne signifie pas que vous devez tout ap-
prouver, mais il vous faut être conscient de vos options et
réaliser qu'à partir du moment où vous n'avez aucune prise
sur les événements qui surviennent ou sur les personnes qui

vous entourent, il est inutile de vous énerver à ce sujet. La réalité est telle qu'elle est, autant l'accepter pleinement.

Face à cette réalité, prenez la **responsabilité** de vos sentiments. Si certains événements vous frustrent ou vous mettent en colère, ce n'est pas parce que les événements en eux-mêmes sont déplaisants – ils existent, tout simplement, sans valeur intrinsèque positive ou négative –, c'est parce que votre regard sur les circonstances continue d'être biaisé ; vous n'avez pas accepté la situation comme quelque chose d'extérieur à vous. Le fait de dévier votre attention depuis la situation vers votre propre ressenti vous permet d'y trouver une parade. C'est vous qui êtes en colère, et vous seul avez le pouvoir de changer cela : vous pouvez agir sur votre vision des choses pour la modifier – vous avez même la responsabilité envers vous-même de le faire – de façon à tourner la situation à votre avantage, de façon à en tirer un enseignement, plutôt que de vous engouffrer dans une lutte éreintante pour vous défendre ou contre-attaquer, lutte dont vous ne sortirez pas forcément vainqueur.

À nouveau, l'idée n'est pas de subir les événements ou les sautes d'humeur des autres – ce ne serait pas une prise de responsabilité mais un aveu de faiblesse –, mais de vous dire par exemple : « J'ai fait le choix d'être où je suis, et j'accepte le fait que mon patron soit tel qu'il est. Si son côté borné m'irrite profondément, ce n'est que mon sentiment et j'en prends la responsabilité. Je ne dépenserai pas mon énergie à ruminer tous les défauts que je lui trouve, mais chercherai plutôt à comprendre ce que cette relation difficile peut m'apporter afin d'aller de l'avant. » Et si d'aventures il vous était impossible de continuer ainsi à cause des sentiments négatifs qu'il vous inspire, soyez conscient que ce choix dépend de vous et mettez en place des actions cohérentes : proposer à votre patron une réunion pour exposer objectivement votre point de vue ; lui présenter une approche totalement différente ; demander le concours d'un médiateur ; démissionner, etc.

Ainsi, lorsque vous serez capable d'accepter la réalité qui s'offre à vous et de prendre vos responsabilités face à elle et à vos sentiments, vous serez en mesure de vous **abandonner**, de suivre la vague pour mieux nager. Dans les situations conflictuelles, vous pourrez renoncer à faire valoir à tout prix votre point de vue – du moins lorsque ce n'est pas absolument nécessaire pour votre motivation et votre estime personnelle. Vous serez ainsi plus attentif à vos besoins et à ce que les autres ou les événements peuvent vous apprendre, sans dépenser d'énergie inutile à défendre votre vision des choses.

Cette énergie pourra être mieux dépensée, par exemple dans la recherche de solutions créatives aux problèmes rencontrés. En effet, en réfléchissant de cette manière, il est probable que vous découvriez des voies parallèles, des voies plus faciles à emprunter face à ce qui vous semblait être un obstacle. Et c'est tant mieux ! Il est inutile et contre-productif de rechercher la complication. Vous avez la responsabilité de tirer parti de ce qui vous est facile et naturel – et ce qui vous est aisé ne le sera pas forcément pour quelqu'un d'autre – afin de développer vos talents. C'est en vous abandonnant que vous pourrez agir avec spontanéité, dans le sens de votre personnalité et vous réaliser, presque sans effort. C'est dans ce qui vous est facile que vous vous accomplirez le plus.

Bien entendu, cela ne signifie pas que vous n'aurez plus à travailler pour obtenir ce que vous voulez, mais que vous devrez suivre le chemin qui vous semble le plus simple, le plus naturel, pour avoir plus d'énergie à disposition, plus de motivation et plus de créativité pour dépasser les soucis quotidiens, qui devraient par conséquent se régler plus rapidement.

Soyez conscient que même avec toute la créativité, l'énergie et la motivation du monde, certaines tâches inévitables continueront de vous coûter. Pour vous aider à en venir à bout, il existe de nombreux concepts utiles à connaître, qui vous permettront de gagner en efficacité et donc d'économiser pas mal d'efforts superflus.

Se créer des habitudes

La seconde chose à bien comprendre dans la recherche de l'économie d'effort, une fois que vous aurez assimilé que tout ce qui est naturel est facile, c'est que tout ce qui est habituel demande également moins d'énergie. Cette prise de conscience peut vous amener à deux conclusions extrêmement salutaires.

- Vous pouvez effectuer certaines tâches répétitives plus rapidement en les transformant en habitudes. Pour cela, il vous suffit de les faire toujours au même moment et au même endroit. Prenez par exemple le pli de consulter vos e-mails quatre fois par jour, à des moments stratégiques, comme juste après la pause-café du matin, juste avant la pause déjeuner puis juste après et en fin d'après-midi. Si vous avez tendance à recevoir régulièrement des e-mails de contenu similaire, préparez un fichier avec des réponses semi-automatiques à copier-coller. Tous les jours, arrêtez vos tâches dix minutes avant de quitter le travail pour nettoyer votre bureau et ranger vos dossiers. Etc.

- Vous pouvez avancer plus régulièrement sur vos projets importants en mettant en place une routine matinale et/ou vespérale – selon les moments où vous êtes le plus concentré – exclusivement consacrée à ces projets. L'idée est de vous créer petit à petit un véritable rituel à un moment de la journée (le matin restant pour la plupart des gens le moment le plus productif) en accumulant les petits gestes qui deviendront automatiques au fil du temps. Comment procéder ? Selon l'objectif que vous souhaitez atteindre, imaginez une petite action qui, répétée tous les jours, pourrait avoir un impact sur vos résultats. Par exemple, si vous désirez augmenter vos compétences en néerlandais ou en anglais, décidez de consacrer systématiquement le premier quart d'heure de vos journées au bureau à regarder une courte vidéo dans la langue cible et à en étudier le vocabulaire. Une fois cette routine intégrée (laissez-vous plusieurs semaines !), décrétez que votre leçon se conclura dorénavant par un café sans sucre et sans lait. Puis que la demi-heure suivante sera dédiée à l'avancement d'une tâche importante liée à un projet de longue haleine. Etc.

Et ainsi, petit à petit, sans effort particulier de votre part, ces gros dossiers qui traînaient sur votre bureau sans que vous trouviez le temps ou le courage de vous y atteler avant la dernière minute auront enfin la place qu'ils méritent dans votre emploi du temps. D'une part vous aurez allégé votre planning en automatisant certaines tâches répétitives, et d'autre part vous aurez avancé chaque jour dans les projets importants, presque sans vous en rendre compte.

Définir ses priorités selon le principe de Pareto

Autre théorie bien connue qui peut vous épargner bien du travail inutile – ou peu utile –, le principe de Pareto nous apprend à compter avec le ratio 80/20 dans la plupart des aspects de notre vie. « 80 % des effets sont le produit de 20 % des causes » : cette loi signifie, par exemple, que 20 % des clients rapportent 80 % du chiffre d'affaires. Ou que 20 % de votre travail produit 80 % du résultat. Concrètement, il vous suffit de concentrer vos efforts sur ces 20 % de tâches importantes, celles qui sont en rapport direct avec votre objectif, et vous maximiserez votre réussite !

Pour repérer ces tâches prioritaires, utilisez la matrice d'Eisenhower afin de vous aider à faire la distinction entre importance et urgence.

La matrice d'Eisenhower

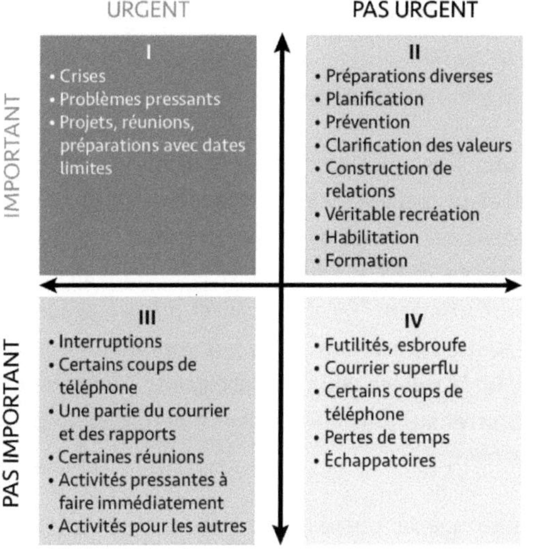

Vous l'aurez compris, ce sont les tâches importantes et non urgentes qu'il vous faut insérer dans votre rituel matinal. Les tâches urgentes, qu'elles soient importantes ou non, vous occuperont bien assez durant le reste de la journée, et les tâches du dernier quadrant, celles qui ne sont ni importantes ni urgentes, peuvent passer à la trappe.

Structurer son travail et son temps avec la méthode Pomodoro

La gestion du temps est un processus d'organisation et de planification qui consiste à diviser son temps entre diverses activités spécifiques. Une bonne gestion du temps vous permet d'avancer intelligemment, d'en faire plus en moins de temps, même si celui-ci est serré et qu'il y a de grandes pressions. Au contraire, une gestion du temps approximative peut sérieusement endommager votre efficacité au travail et générer du stress.

Aussi, une fois que vous avez déterminé quelles étaient vos tâches prioritaires, une autre clé de la productivité ne demandant pas de gros investissement consiste à bien segmenter sa journée, tout en évitant le travail multitâches et les perturbations. En effet, tenter d'avancer sur plusieurs tâches au même moment vous fait généralement perdre du temps plutôt que de vous en faire gagner. À trop essayer de se concentrer sur plusieurs choses à la fois, on perd le fil sur tous les fronts.

Alors, pour garder votre esprit fixé sur une seule tâche à la fois, nous vous proposons de suivre la technique Pomodoro. Cette méthode élaborée dans les années quatre-vingt par l'Italien Francesco Cirillo propose d'utiliser un minuteur pour fractionner son temps en périodes de 25 minutes, appelées « pomodoros », chaque période étant dédiée à une seule tâche définie au préalable – n'oubliez pas qu'une de ces tâches peut être le traitement de vos e-mails.

Une fois les 25 minutes écoulées, prenez une pause de 5 minutes. Après quatre pomodoros, faites une pause de 15-20 minutes. Lors de ces intervalles, accordez-vous un vrai moment de liberté durant lequel vous déconnectez, qu'il s'agisse d'aller faire un petit tour dehors, de prendre un café ou d'avancer dans votre grille de mots croisés. Des pauses fréquentes soutiennent votre motivation et votre concentration, et évitent la fatigue mentale.

Si au cours d'une période, vous pensez à quelque chose qui n'a rien à voir avec la tâche à laquelle vous êtes occupé, notez-le quelque part et reconcentrez-vous immédiatement sur la tâche en cours. Dans la mesure du possible, agissez de même avec les autres interruptions (demandes de collègues, appels téléphoniques, etc.) : inscrivez la requête sur votre liste de tâches et traitez-la lors de votre prochain pomodoro, voire plus tard, en fonction des priorités. Si vous ne pouvez esquiver l'interruption et que celle-ci dure plus d'une minute, reprenez à un nouveau pomodoro.

Bien entendu, toutes les tâches ne demandent pas le même investissement en temps. C'est pourquoi la méthode n'exclut pas que vous passiez plusieurs pomodoros sur une même tâche, bien qu'il soit recommandé de fragmenter chaque tâche de manière à ce qu'elle ne dépasse pas six périodes. Au-delà, vous perdez tout l'intérêt de la technique, qui est de vous garder motivé et concentré.Veillez également à ne pas prévoir une activité trop courte. Planifiez plutôt dans ce cas un pomodoro dédié à un ensemble de petites tâches qui, en s'additionnant, rempliront les 25 minutes.

La mise en application de cette technique demande une discipline assez poussée, ainsi qu'une organisation minutieuse de vos journées, en intégrant votre agenda et vos priorités. N'oubliez évidemment pas de vous laisser une marge pour les imprévus qui ne manqueront pas de s'imposer.

Qu'y gagnerez-vous ?

- Une concentration accrue.
- Un gain de temps conséquent, de par le rythme motivant que la méthode permet de maintenir.
- Une idée précise du temps passé sur chaque tâche, toujours utile pour justifier votre emploi du temps.
- Une meilleure estimation future du temps nécessaire à chaque tâche.

SAVOIR CONTRÔLER SON STRESS

Toute vie professionnelle, dès lors qu'elle implique des responsabilités, des échéances à tenir, des équipes à gérer, etc., est source de stress. Le stress n'est pas toujours un mal. Dans une certaine zone de confort, il vous tient en alerte, vous aide à rester concentré, énergique et performant. Malheureusement, le milieu du travail nous emmène aujourd'hui souvent sur des montagnes russes émotionnelles : augmentation de la charge de travail, raccourcissement des délais, heures supplémentaires, licenciements sont devenus monnaie courante. Tout ceci vous inquiète et vous laisse incertain quant à la manière de gérer correctement le poids de vos responsabilités. Vous vous sentez débordé, vous devenez irritable ou faites preuve d'apathie. Or ce genre de stress a un impact négatif sur votre motivation et sur vos capacités de réflexion. Pour travailler plus efficacement, il vous faut donc vous mettre à l'abri de ce fléau autant que faire se peut.

Vous pouvez vous éviter une grande part de stress en apprenant simplement à mieux vous exprimer pour faciliter et améliorer vos relations avec la direction et vos collègues. Voici quelques approches antistress :

- tentez d'agir positivement dans tous les aspects de votre vie. Cela peut être aussi simple que de trouver un peu d'humour dans une situation difficile. Si, par exemple, vous êtes réellement accablé par un travail trop conséquent, la démarche positive consiste à décomposer le projet en différents éléments faciles à gérer ;
- lorsque vous vous sentez agressé par le propos d'un collègue ou de votre supérieur, ne réagissez pas au quart de tour. Méfiez-vous de vous-même si vous ressentez une envie de lutte ou de fuite ; ce sont des réactions impulsives et négatives qu'il vous faut maîtriser. Prenez une grande respiration, notez ce qui vous est reproché et, dans la mesure du possible, demandez un temps de réflexion pour y réfléchir à tête reposée. Non seulement cela vous aidera à vous calmer et à y répondre en adulte, mais surtout vous empêchera de dire quelque chose que vous pourriez regretter ;
- si vous vivez un conflit structurel avec un collègue de travail, pensez à ce qui est en votre pouvoir pour le résoudre. Fondamentalement, la clé consiste à adopter

une approche de résolution des conflits : écoutez d'abord l'autre, puis prononcez-vous à votre tour. Soyez impartial et négociez une solution dans l'intérêt de chacun. Quand le conflit est résolu efficacement, les membres de l'équipe peuvent développer un respect mutuel plus fort et une foi renouvelée en leur capacité de travailler ensemble ;

- face à une situation problématique à laquelle vous ne voyez pas d'issue, ne paniquez pas et tentez de vous ouvrir de nouvelles options. Pour ce faire, voici trois règles qui vous permettront de transformer votre stress en énergie positive : acceptez l'immuable, modifiez ce qui peut l'être (c'est-à-dire tout ce qui dépend de vous, comme vos ré-actions habituelles face à ce que d'autres disent ou font) et cassez votre façon de penser (abordez les situations stressantes avec une perspective positive). Pour vous aider dans cette démarche, posez-vous ces trois ques-tions : Qu'est-ce qui a fonctionné par le passé dans une situation similaire ? Que ferait une personne que j'admire dans cette situation ? Que ferait une personne objective, extérieure au problème, dans cette situation ? Il peut également être utile de chercher un support sur votre lieu de travail (un supérieur hiérarchique, un responsable des ressources humaines, des délégués syndicaux, des guides d'aide au salarié, etc.). N'ayez pas peur de parler à votre supérieur ou à vos collègues de votre stress. Ce n'est pas un signe de faiblesse. Si le bien-être est une source de mobilisation au sein de votre entreprise, vos collabora-teurs prendront le problème au sérieux.

Développer une attitude positive au travail contribuera à votre bien-être psychologique et vous aidera à mieux vous charger des situations stressantes. Cette disposition d'esprit optimiste, en luttant contre les effets négatifs du stress, renforcera même votre système immunitaire.

SAVIEZ-VOUS QUE...

Le stress émotionnel chronique peut affecter pratiquement chaque organe de façon négative, selon les instituts de santé nationaux. Il peut causer de nombreux problèmes de santé, y compris :

- un affaiblissement du système immunitaire ;
- de l'hypertension ;
- des ulcères et des reflux acides ;
- des palpitations ;
- des crises de panique ;
- des problèmes cardio-vasculaires ;
- des insomnies ;
- un syndrome chronique de fatigue ;
- des problèmes respiratoires ;
- des affections cutanées.

TOP CONSEILS

DE L'ART D'EFFECTUER DEUX FOIS
LE TRAVAIL EN MOITIÉ MOINS DE TEMPS !

- Concentrez votre énergie et, en parallèle des tâches importantes qui vous incombent, faites ce que vous avez envie de faire. Ne limitez pas votre potentiel en poursuivant seulement les objectifs ordonnés. Osez le défi. Ceci augmentera votre énergie et votre inspiration pour atteindre votre but.

- Appliquez le principe de Pareto pour être efficace. Le principe 80/20 (80 % des résultats proviennent de seulement 20 % de votre effort de travail) élimine les pertes de temps et vous permet de concentrer vos forces sur les priorités.

- Éliminez toutes les activités improductives, inutilement consommatrices de temps, à l'aide de la matrice d'Eisenhower. Soyez honnête envers vous-même : quelles sont vos activités « béquille » ? Tentez de les supprimer définitivement, ou du moins de les cantonner à un créneau horaire réduit.

- Fixez-vous sur vos compétences et non sur vos faiblesses. Il est plus fructueux de jouer sur vos points forts. Ceci dit, ne négligez pas votre désir de travailler certains points d'amélioration afin d'acquérir de nouveaux talents : cela n'est plus du temps perdu, mais de l'investissement. Dans ce cas, appuyez-vous sur votre motivation.

- Travaillez sur les projets de longue haleine ou sur les tâches complexes lorsque vous vous sentez le plus efficace. Lorsque vous êtes fatigué, ou déconcentré par la digestion par exemple, c'est le moment d'exécuter les tâches ne demandant pas une grande réflexion.

- Arrêtez le multitâche. Si vous savez correctement définir vos priorités et découper votre temps, il n'y a aucun besoin de vouloir être multitâche. Cette façon de travailler nuit généralement à la concentration et favorise la procrastination.

- Pratiquez l'art de ne pas finir. Oui, oui, vous avez bien entendu ! Démarrez une activité ne justifie pas automatiquement la terminer le jour même. Imaginez que vous rencontriez une difficulté et restiez bloqué la journée entière sur le problème : belle perte de temps ! Attention, cela ne signifie absolument pas que vous deviez systématiquement remettre au lendemain les tâches complexes. Simplement, fixez-vous un temps limité pour travailler sur la tâche en question (cinq pomodoros par exemple), puis passez à autre chose, même si vous n'avez pas terminé. Développez cette habitude pour éviter l'ennui ou l'improductivité. Ainsi, vous vous ressourcerez et pourrez revenir plus tard sur le problème avec un esprit frais.

- Rangez votre espace de travail. Un bureau où rien n'est à sa place a des conséquences non négligeables sur votre bien-être psychologique et sur vos performances. Vous devez organiser et optimiser la pièce où vous travaillez de la manière la plus bénéfique possible.

- Le sommeil joue un rôle vital sur votre santé, tant mentale que physique. Une déficience du sommeil peut affecter votre travail. Mettez donc toutes les chances de votre côté pour passer des nuits assez longues (de huit heures idéalement) et de bonne qualité : couchez-vous de bonne heure, choisissez un bon sommier, un bon matelas, installez des rideaux opaques aux fenêtres, utilisez des boules Quies si nécessaire, etc. Au bureau, dans la mesure du possible, faites un petit somme après le déjeuner. En général, c'est le meilleur moment pour une courte sieste énergisante, qui vous permettra de regagner de la concentration, de la vigilance, de la mémoire, de l'endurance et de réduire votre stress.

FAQ

LA « LOI DU MOINDRE EFFORT » EST-ELLE UN PRINCIPE RECONNU ?

Oui et non. Ce principe a fait l'objet de quelques études en psychologie, mais pas toujours avec l'a priori positif qu'on lui attribue ici : il désigne généralement notre tendance à privilégier ce qui nous plaît par rapport à ce qui nous répugne, ce dont nous avons l'habitude par rapport à ce qui sort de notre zone de confort. Il nous conduit à repousser les tâches qui nous déplaisent et à nous contenter du minimum pour ne pas avoir à en faire plus. Et effectivement, vu comme ça, la loi du moindre effort ne risque pas de mener quiconque à l'accomplissement de soi.

Il est pourtant possible de l'utiliser pour en faire une force motrice ; c'est un principe notamment reconnu par l'hindouisme. Si l'on comprend que l'on agit plus volontiers dans un sens qui nous est facile et plaisant, il « suffit » d'adopter de nouvelles attitudes, de faire en sorte qu'une majorité de choses nous apparaissent comme agréables ou, du moins, utiles à notre développement. La loi du moindre effort veut donc que nous n'opposions aucune résistance à ce qui nous est demandé, mais que nous l'acceptions en prenant nos responsabilités. Avec cette philosophie, moins d'énergie sera nécessaire pour aller au bout de nos tâches.

C'est aussi une manière de ne plus croire qu'« un travail acharné est toujours récompensé » ; ce qui est récompensé, généralement, ce sont les résultats. Et si vous pouvez obtenir de bons résultats en dépensant moins d'énergie, tant mieux ! Ce faisant, vous accomplissez plus à moindre effort avec une réelle satisfaction personnelle, de la motivation et de la confiance en vous. Appliquer correctement la loi du moindre effort, c'est travailler dans un état harmonieux qui permet d'éviter le burn out et le stress.

COMMENT PUIS-JE ÉTABLIR UNE LISTE DE TÂCHES EFFICACE ET MOTIVANTE ?

Pour qu'une *to do list* soit efficace et vous pousse à réaliser les tâches qu'elle contient, elle doit respecter certaines caractéristiques :

- **elle doit être visuelle** – utilisez un code couleur ou des icônes pour différencier les tâches entre elles et pour attirer votre œil directement sur les tâches importantes ou sur une certaine catégorie de tâches (utilisez par exemple les icônes préconisées par la méthode du *Bullet Journal*, comme l'astérisque à placer devant les tâches prioritaires) ;
- **elle doit être attrayante**, tout en restant simple et immédiatement compréhensible – si vous utilisez une simple liste papier, veillez à ce qu'elle ne devienne pas trop brouillon à force de faire des ratures ou d'ajouter des couleurs à tout va. Si vous préférez utiliser une application, choisissez-la pour son ergonomie et son interface graphique plaisante à vos yeux, pas pour les mille possibilités qu'elle vous offre et que vous n'emploierez sans doute jamais ;
- **elle doit appeler à l'action** – utilisez des verbes d'action

à la base de chaque tâche (comme « Appeler M. Dupont » ou « Rédiger un article pour le blog ») ;
- **elle doit contenir des tâches précisément définies**, telles que « Arrêter trois propositions de mise en page pour la page d'accueil du site » au lieu de « Travailler sur le projet de refonte du site ».

Une bonne méthode consiste à fonctionner avec deux listes : une pour les tâches à réaliser aujourd'hui, une autre pour toutes les tâches à réaliser sans distinction. Cette dernière formera votre « réserve de tâches » dans laquelle vous irez piocher les tâches à effectuer chaque jour, selon leur degré d'urgence et d'importance. Les tâches liées à une date ou à un timing particulier peuvent aller directement à l'agenda.

COMMENT RESTER PRODUCTIF FACE À DES CONTRAINTES CONSTANTES (IMPRÉVUS, INTERRUPTIONS, ETC.) ?

Comme on ne peut jamais tout prévoir, les imprévus finissent toujours par s'inviter au beau milieu de votre programme si bien agencé. Pour éviter un trop grand chamboulement lorsque cela arrive, devancez ce genre de situation en aérant votre planning quotidien, en laissant quelques périodes creuses qui, si elles ne servent pas à régler un imprévu, seront toujours agréables pour prendre de l'avance sur les tâches du lendemain ou pour faire un peu de veille concernant votre secteur d'activité par exemple.

Mais les plus grands obstacles vous empêchant de faire au mieux votre travail sont les interruptions multiples qui perturbent votre concentration. Elles ne sont malheureusement pas toujours évitables – voire, dans nombre de cas, constituent une grande part de la journée de travail –, particulièrement si vous travaillez en *open space* ou si une de vos missions consiste à être disponible pour répondre au téléphone.

Les limiter en appliquant quelques règles simples vous permettra de vous ménager un minimum de périodes de travail tranquilles. Ainsi, vous serez à même de travailler plus rapidement et de produire un résultat de meilleure qualité.

- Dans la mesure du possible, ne prenez les appels qu'au cours d'une période définie. Par exemple, vous pourriez ajouter à côté du numéro de téléphone de l'entreprise, dans votre signature e-mail et sur votre site internet : « Uniquement entre 11 heures et 15 heures », ce qui vous ménage quelques heures productives en début et en fin de journée.
- Lorsque vous travaillez sur votre ordinateur, fermez votre boîte mail et tous les programmes que vous n'utilisez pas pour la tâche en cours.
- Reconnaissez votre propre besoin et vos limites. Face à une demande extérieure qui n'est pas ajustée à ce que vous êtes en train de faire, si cela est possible, répondez que vous vous en occuperez plus tard, à tel moment, ou refusez poliment si la tâche ne répond pas à vos attributions ni à vos objectifs.
- Si vous disposez d'une pièce de fonction, n'hésitez pas à fermer la porte lorsque vous ne souhaitez pas être dérangé. Dans une pièce de travail commune, mettez des

écouteurs dans vos oreilles pour signifier votre besoin de concentration.

Les moyens que vous pouvez mettre en œuvre dépendront des conditions de l'emploi que vous exercez. Mais le principe reste le même : faites tout ce qui est en votre pouvoir pour rester autant que possible maître de votre temps.

COMMENT ME CONCENTRER SUR L'OBTENTION DES RÉSULTATS ?

Pour être plus productif sans travailler plus dur, la clé est de rester concentré sur l'obtention des résultats et ne pas se perdre dans les petites tâches quotidiennes qui n'ont que peu de valeur ajoutée. Mais comment garder cela en tête lorsque la journée s'emballe, que les imprévus et les demandes extérieures s'accumulent ?

La matrice d'Eisenhower est là pour vous aider. Ce tableau, qui permet de distinguer tâches prioritaires, tâches urgentes et tâches inutiles, n'est pas un outil à utiliser une fois puis à oublier. De même que votre/vos objectifs écrit(s), conservez-le au contraire à portée de main et classez-y toutes les tâches qui s'imposent à vous, afin de garder les idées claires quant à celles qui vous font avancer vers votre objectif et celles qui vous freinent.

Si une crise majeure surgit, revoyez entièrement vos priorités et replanifiez à un autre jour ce qui peut l'être.

LA SIESTE EST-ELLE RECOMMANDÉE POUR AMÉLIORER SA CONCENTRATION ET SA PRODUCTIVITÉ ?

Oui ! Vingt minutes de sieste, idéalement juste après le repas, sont fortement recommandées pour recharger votre organisme et éclaircir votre esprit. Malheureusement, cette pratique n'est pas encore entrée partout dans les mœurs, et votre plus grand défi restera sans doute de convaincre votre employeur du bien-fondé de votre requête... Car, si votre entreprise ne dispose pas déjà d'une salle de pause prévue à cet effet, il faudra qu'il vous donne son aval pour que vous puissiez imposer un moment où l'on ne pourra vous déranger sous aucun prétexte, que ce soit dans votre propre bureau de fonction, si vous en avez, ou dans une salle de conférence.

À VOUS DE JOUER !

QUAND PRODUCTIVITÉ RIME AVEC BIEN-ÊTRE

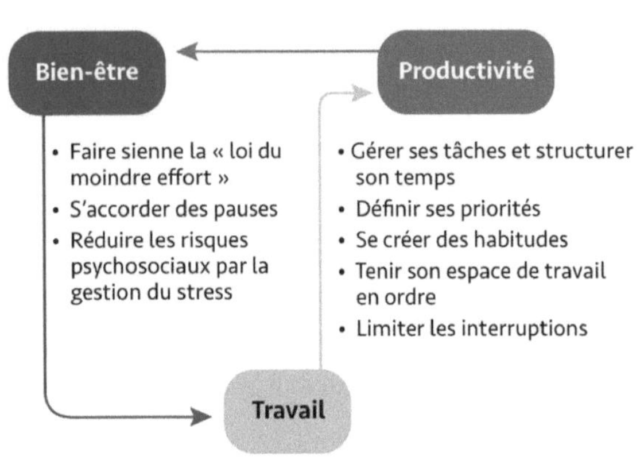

POUR ALLER PLUS LOIN

SOURCES BIBLIOGRAPHIQUES

- CARROLL (Ryder), *Bullet Journal, consulté le 22 septembre 2016*. http://bulletjournal.com/
- CHOPRA (Deepak), « Les 7 lois spirituelles du succès », in *Méditation France*, consulté le 7 juillet 2016. http://www.meditationfrance.com/meditation/chopra/
- GOLEMAN (Daniel), *L'intelligence émotionnelle*, Paris, J'ai lu, 2014.
- LÉGERON (Patrick), *Le stress au travail. Un enjeu de santé*, Paris, Odile Jacob, 2015.
- PIGEOT (Charles-André) et PIGEOT (Romain), *Le guide du bien-être au travail* (2ᵉ éd.), Paris, Eyrolles, 2016.

SOURCES COMPLÉMENTAIRES

- NOTEBERG (Staffan), *Pomodoro Technique Illustrated*, Raleigh (USA), The Pragmatic Bookshelf, 2010.

FILMS ET DOCUMENTAIRES

- *Article 23*, film documentaire de Jean-Pierre Delépine, avec Thanh Ingle-Lai, Nicolas Buchoux, Alix Bénézech, France, 2012.
- *Le bonheur au travail*, film documentaire de Martin Meissonnier, France, 2014.
- *Malades du travail – Le syndrome d'épuisement professionnel*, film documentaire d'Arte, France, 2011.

- *Quand une entreprise chouchoute ses salariés*, film documentaire de M6 Capital, France.

- 36 -

www.50minutes.fr

Éditeur responsable : Lemaitre Publishing
Avenue de la Couronne 382 | BE-1050 Bruxelles
info@lemaitre-editions.com

ISBN ebook : 978-2-8062-8530-0
ISBN papier : 978-2-8062-8531-7
Dépôt légal : D/2016/12603/465
Photo de couverture : © Elise Vanhecke

Conception numérique : Primento,
le partenaire numérique des éditeurs.